THIS JOURNAL BELONGS TO:

____

Yearly Overview

January

February

March

April

May

June

July

August

September

October

November

December

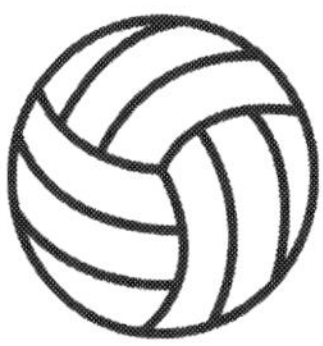

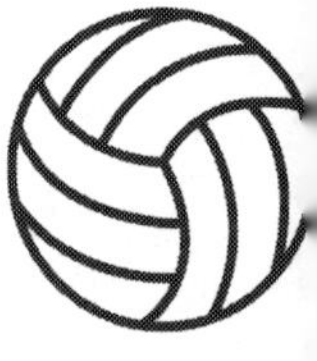

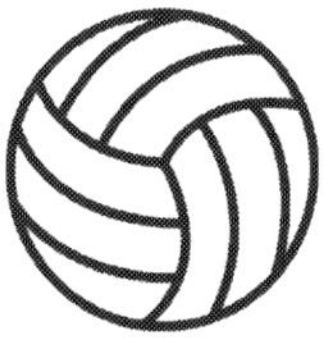

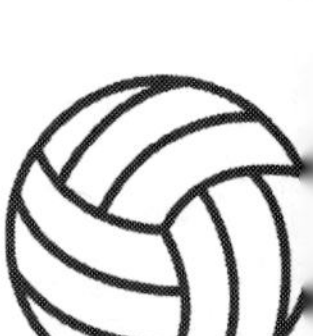

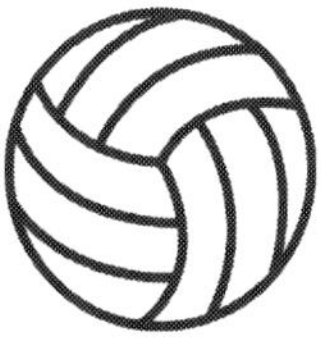

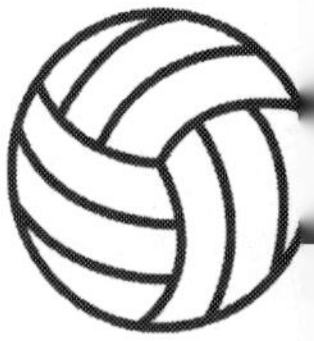

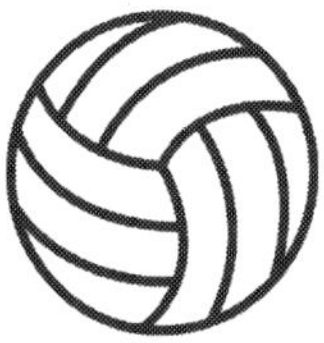

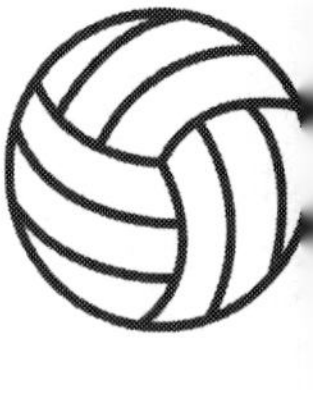

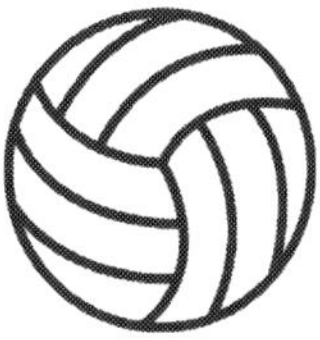

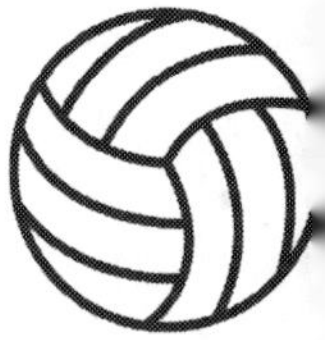

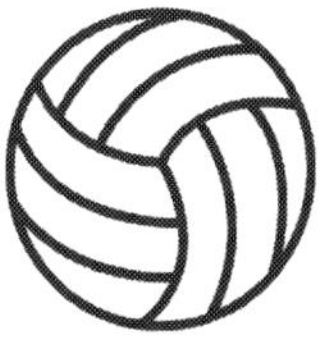

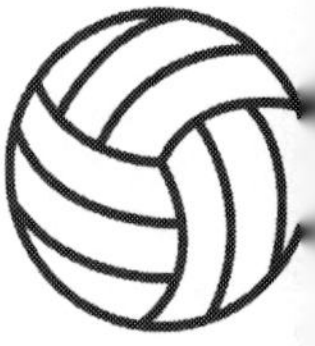

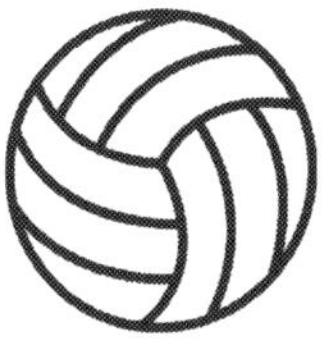

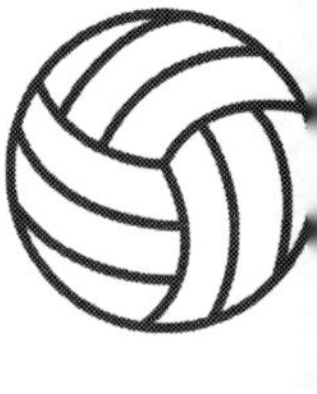

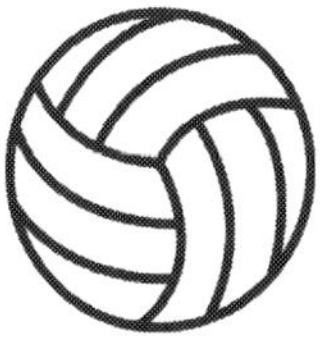

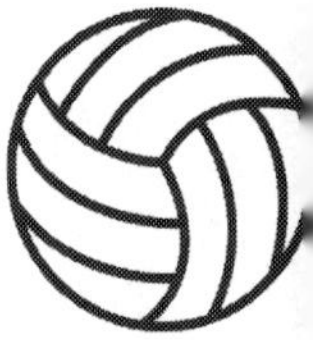

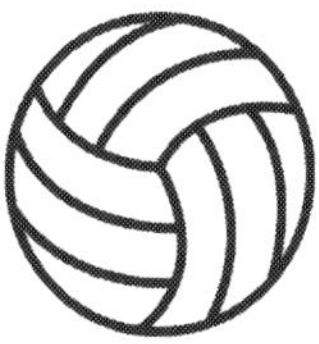

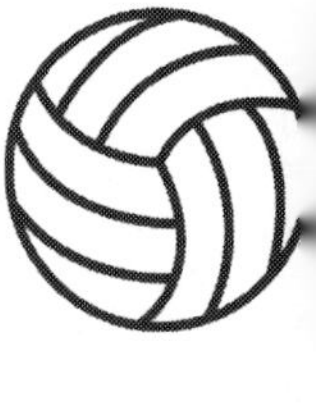

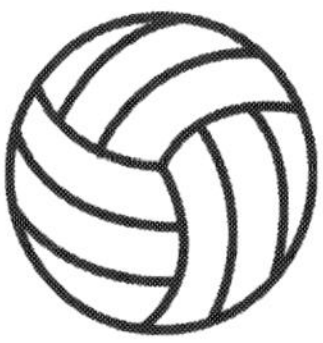

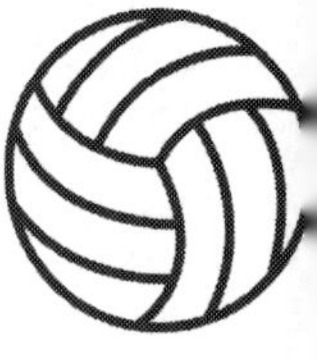

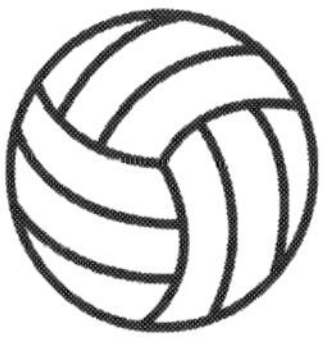

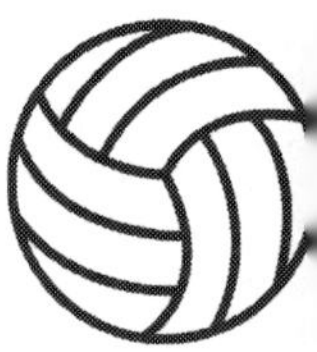

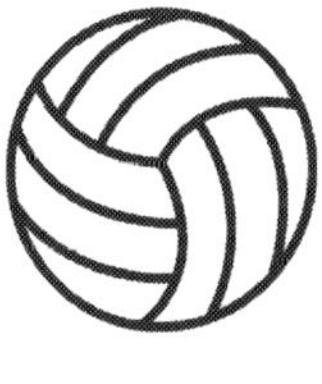

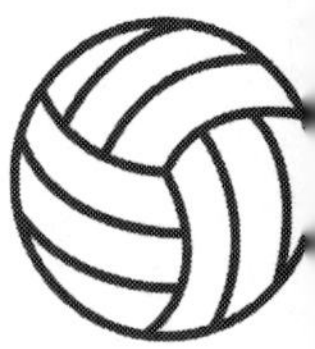

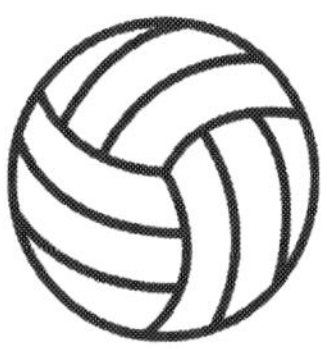

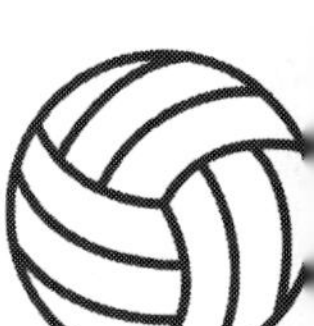

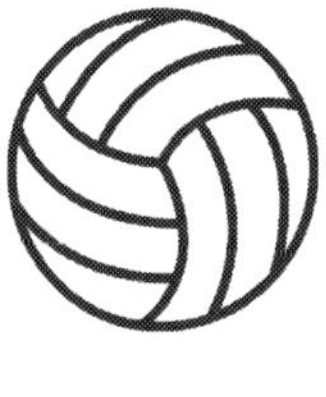

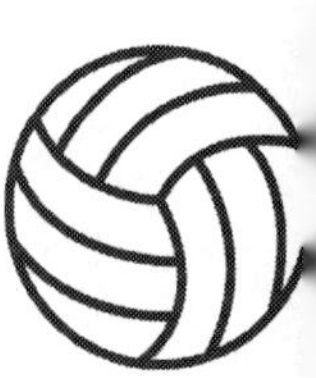

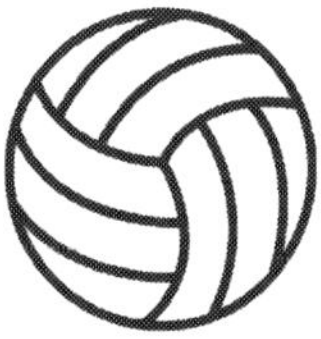

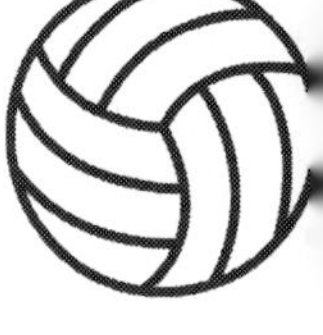

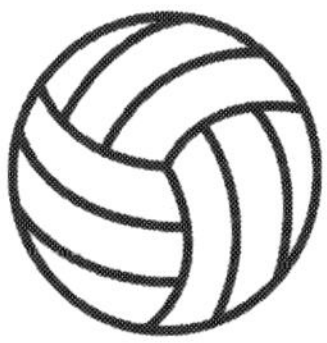

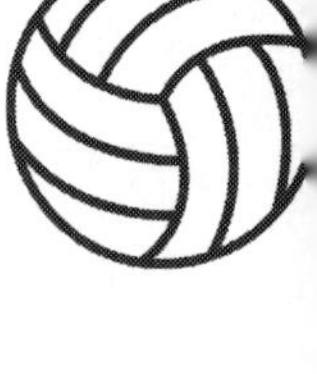

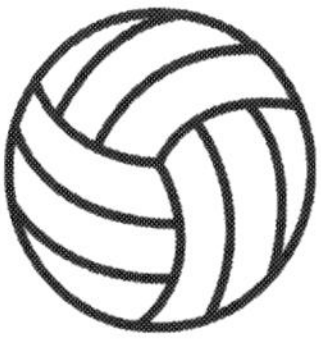

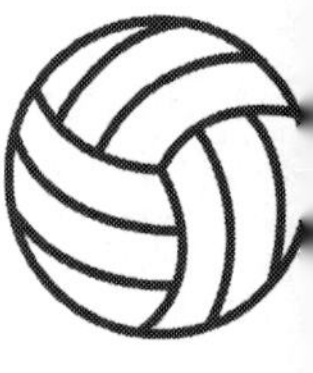

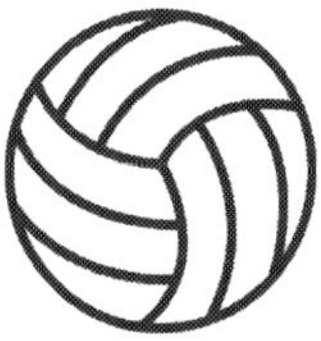

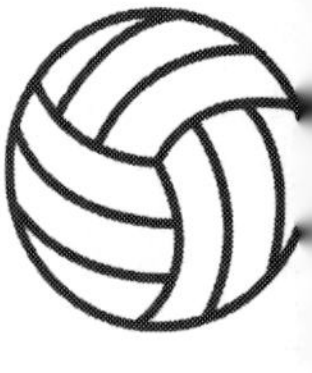

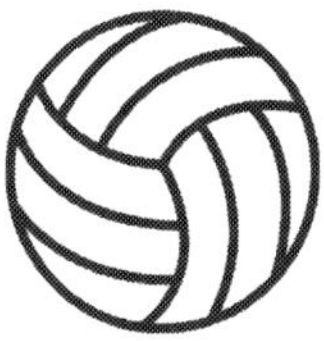

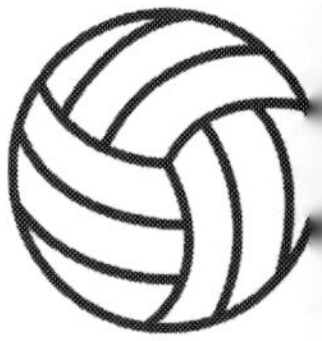

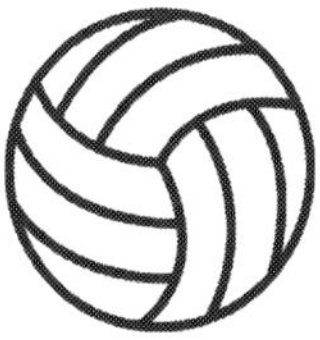

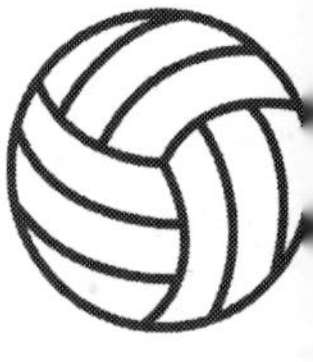

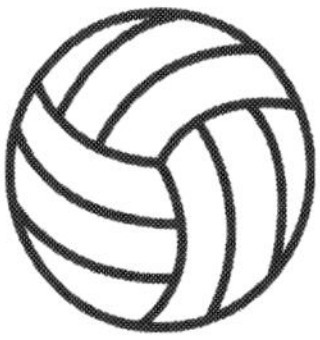

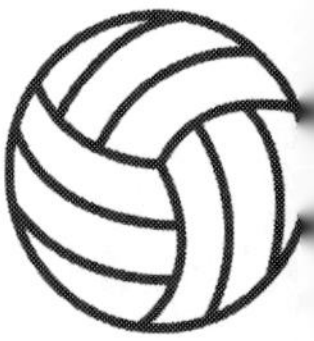

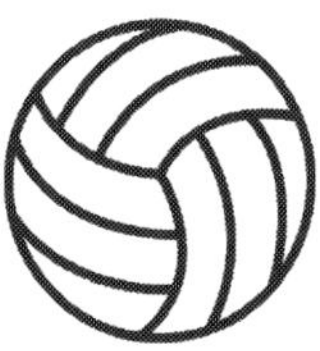

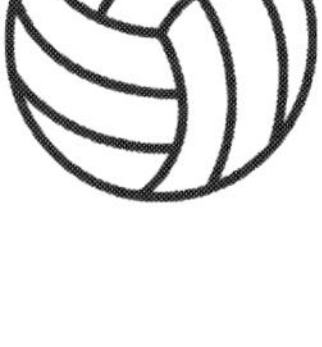

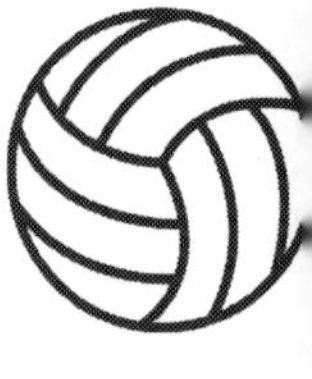

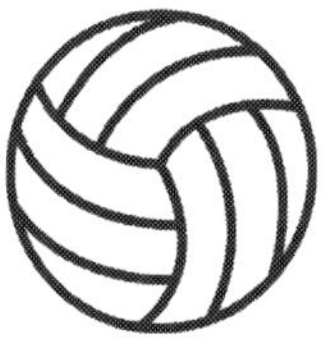

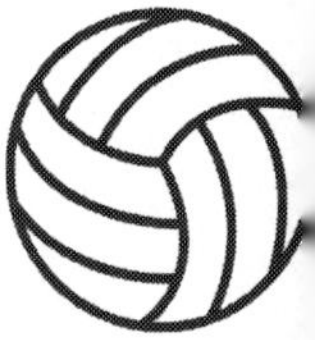

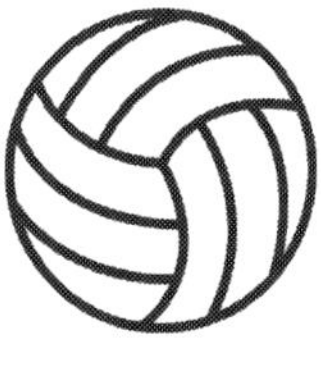

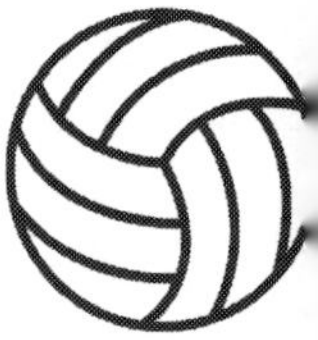

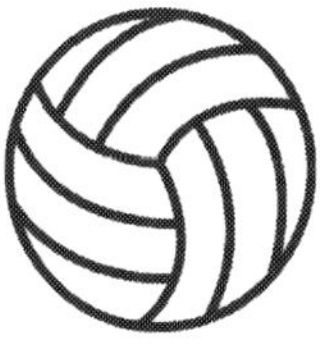

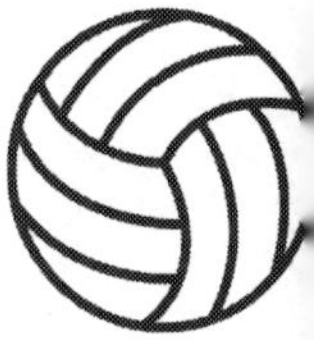

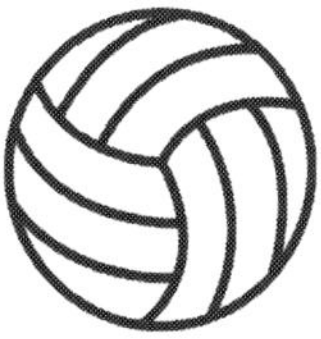

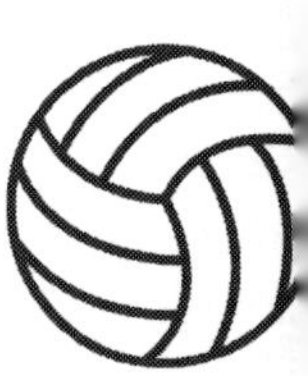

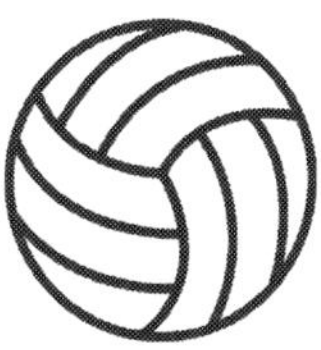

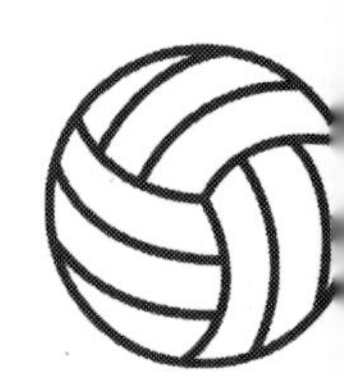

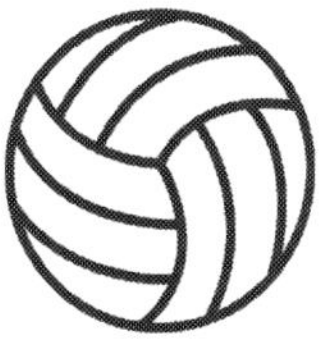

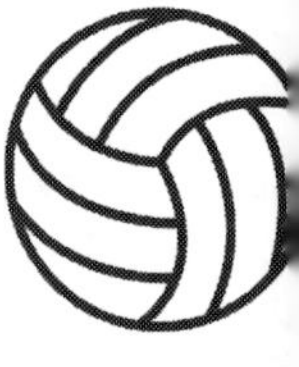

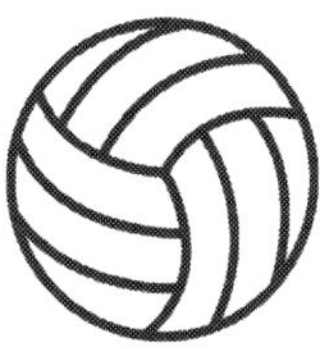

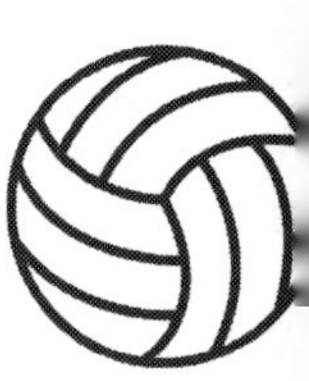

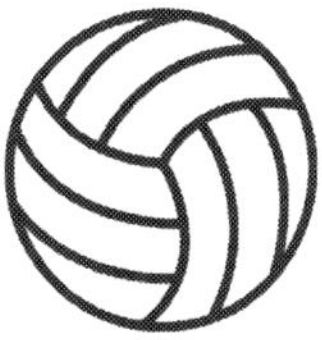

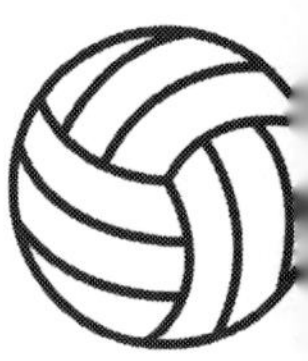

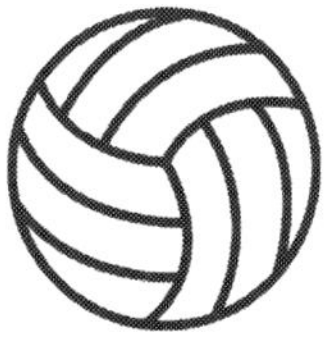

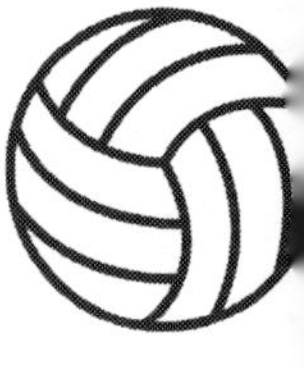

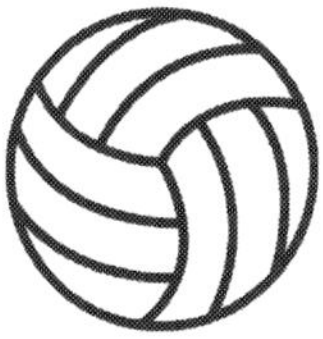

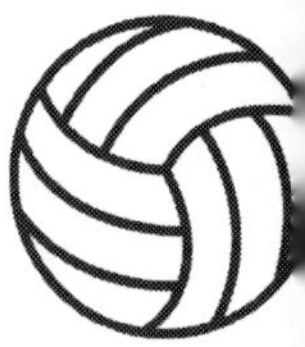

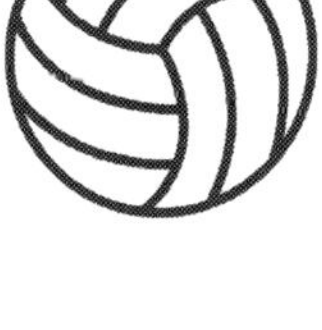

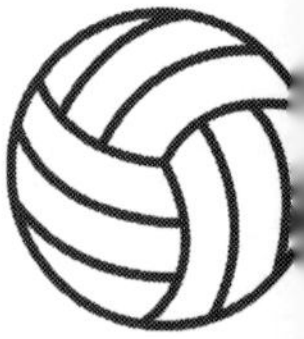

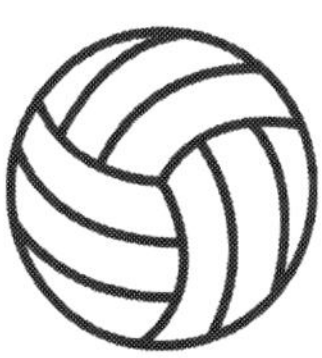

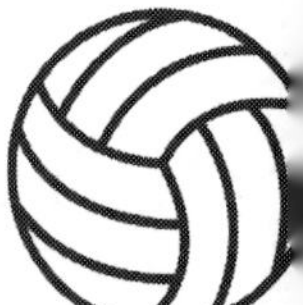

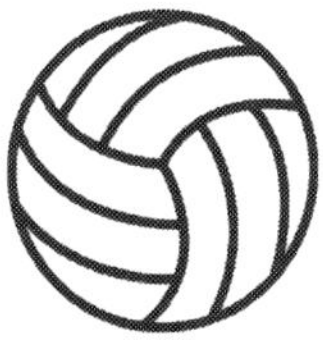

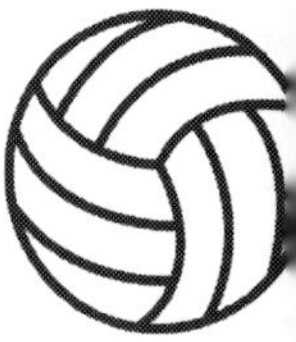

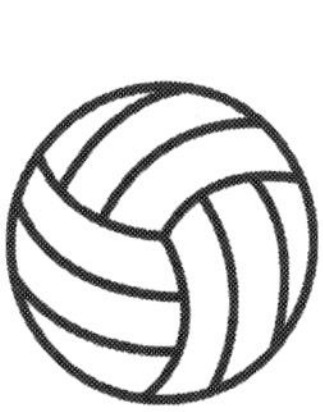

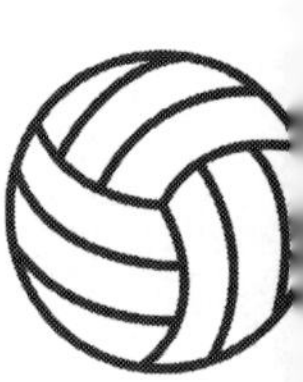

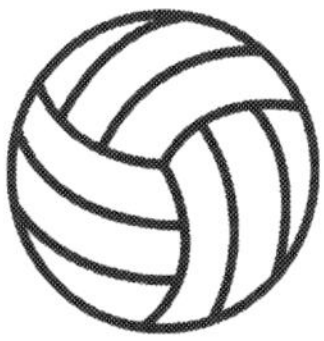

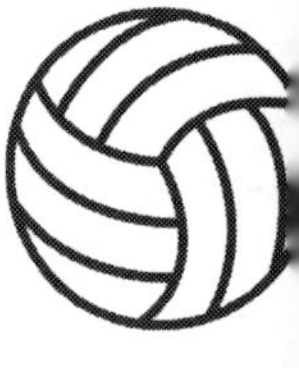

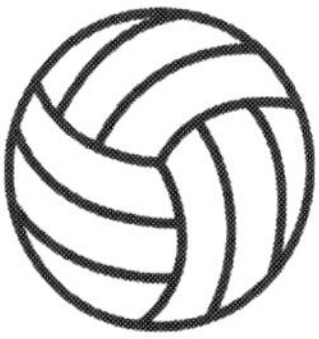

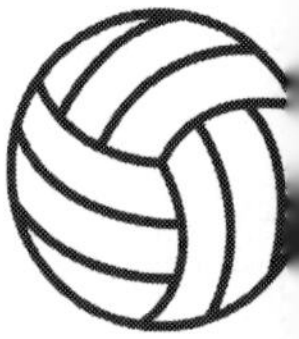

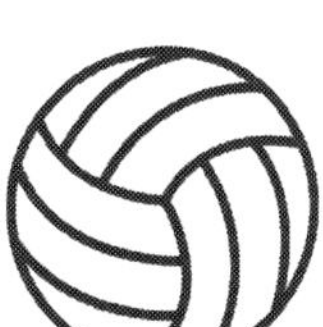

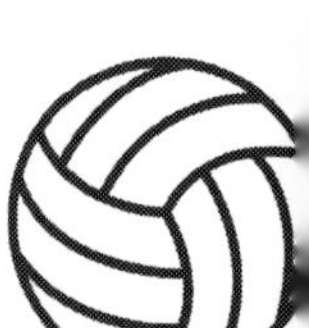

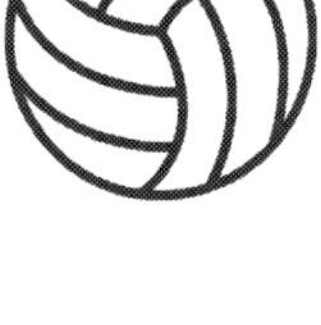

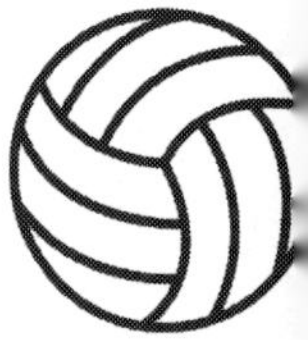

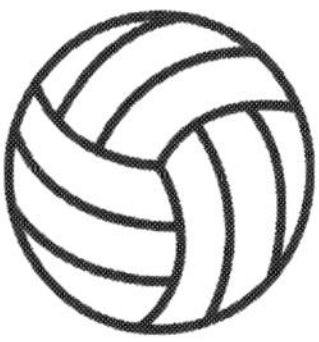

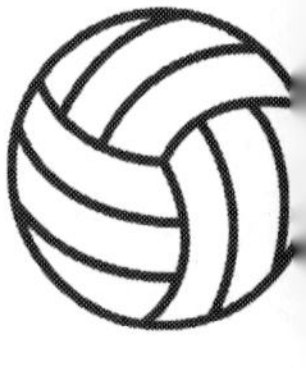

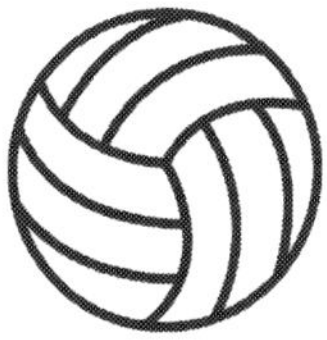

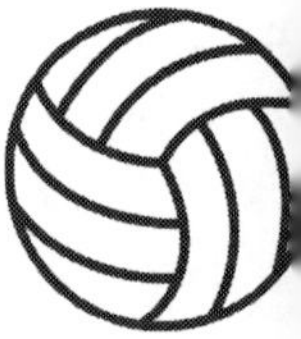

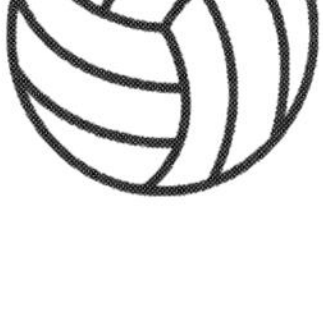

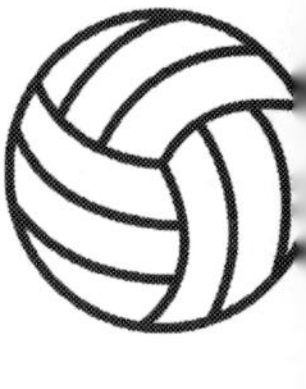

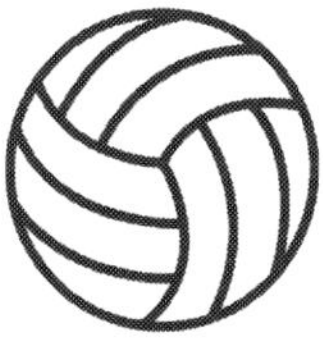

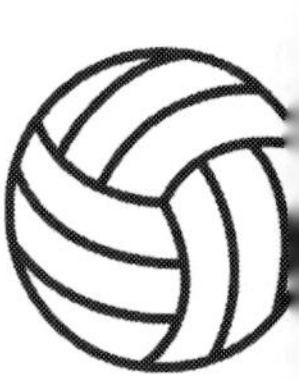

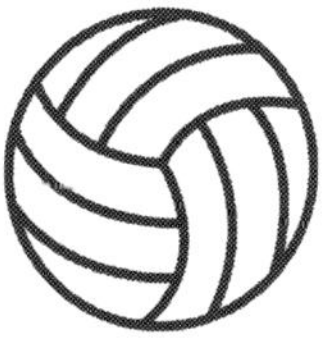

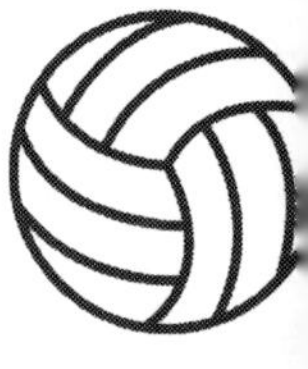

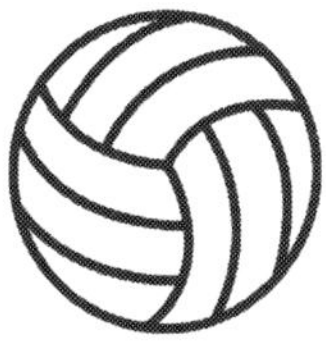

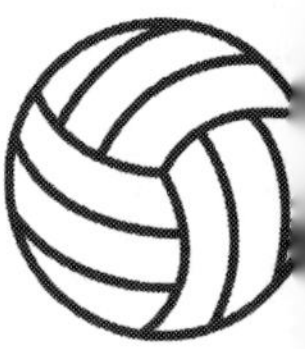

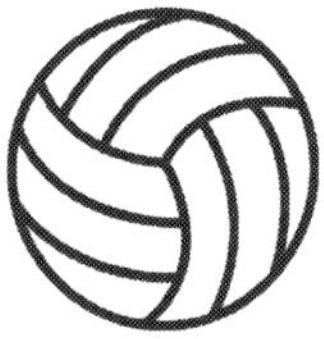

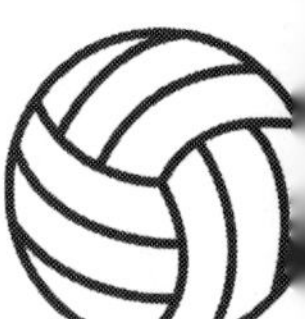

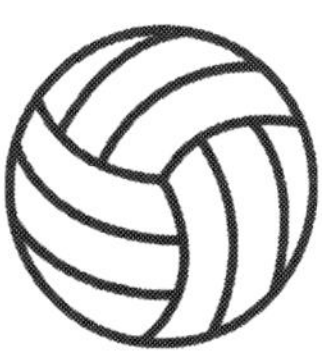

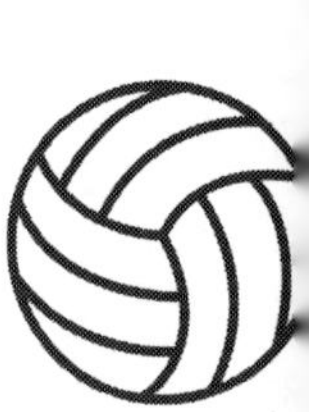

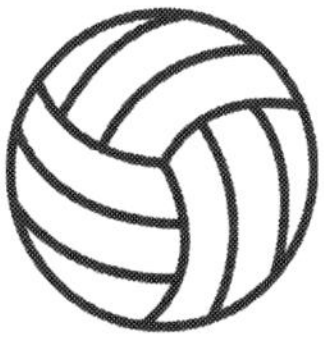

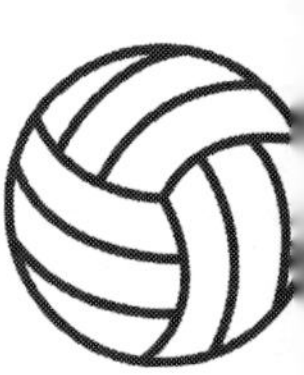

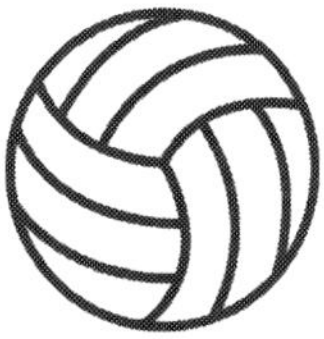

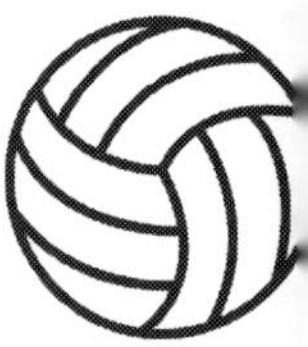

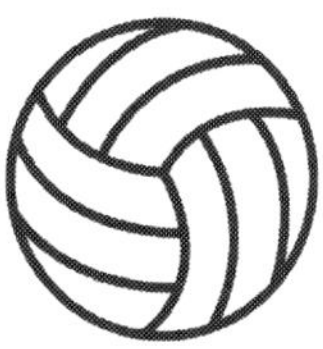

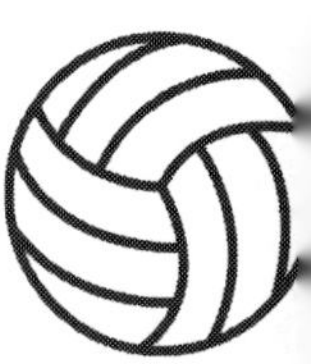

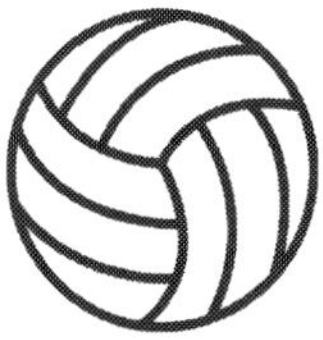

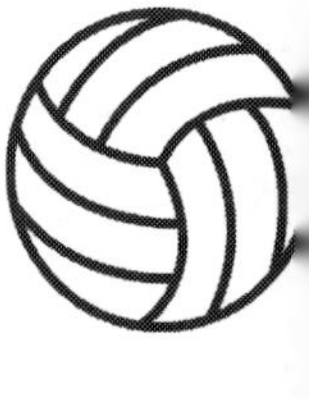

Made in the USA
Monee, IL
20 December 2021

86685353R00061